Das Stellenvermittlungsgesetz und seine Bedeutung für die öffentlichen Arbeitsnachweise

von

Alexander Dominicus
Oberbürgermeister zu Berlin-Schöneberg

Leipzig
Verlag von Veit & Comp.
1912

Sonderabdruck aus:
Volkswirtschaftliche und wirtschaftsgeschichtliche
Abhandlungen
W. Stieda
zum 60. Geburtstage dargebracht

Das Stellenvermittlungsgesetz und seine Bedeutung für die öffentlichen Arbeitsnachweise.

Von Alexander Dominicus.

(Vortrag, gehalten auf der 2. Jahresversammlung des Landesverbandes öffentlicher gemeinnütziger Arbeitsnachweise im Königreich Sachsen zu Dresden am 2. März 1912.)

Wenn wir das Reichs-Stellenvermittlergesetz vom Jahre 1910 und seine Bedeutung für die öffentlichen Arbeitsnachweise betrachten wollen, so müssen wir uns zunächst einmal das Ziel klar machen, das mit diesem Gesetze für die öffentlichen Arbeitsnachweise angestrebt wurde. Sie wissen, daß da zwei Richtungen in der Entstehungsgeschichte des Gesetzes miteinander gerungen haben, eine weitergehende radikale Richtung und eine mildere. Zu der radikalen Richtung habe auch ich gezählt, und es ist mir auch von den gewerbsmäßigen Stellenvermittlern recht übel angerechnet worden, daß ich die Übergangszeit bis zu ihrer endgültigen Beseitigung so sehr wie nur irgend möglich abkürzen wollte. Der Gesetzgeber war ja darin auch mit den Radikalen unter uns einig, daß er die Existenz der gewerbsmäßigen Stellenvermittler als schädlich im volkswirtschaftlichen Interesse anerkannte, und der Unterschied zwischen der definitiven Fassung des Gesetzes und der mehr radikalen Richtung bestand im wesentlichen darin, daß die radikale Richtung die möglichst baldige Beseitigung der gewerbsmäßigen Stellenvermittler herbeisehnte. Zu diesem Zwecke war von ihnen gewünscht worden, daß nach einer bestimmt zu normierenden Übergangszeit die jetzt erteilten Konzessionen überhaupt erlöschen sollten, und zwar ohne daß eine Entschädigung bezahlt zu werden brauchte, wie sie in Frankreich für diesen Fall vorgesehen war. Auf diesen Boden hat sich der Gesetzgeber jedoch nicht gestellt, und als Männer der praktischen Verwaltung haben wir uns damit zu beschäftigen, was denn tatsächlich das Gesetz normiert hat.

Das Gesetz hat bekanntlich in seinem § 2 zu der früher bereits bestehenden Bestimmung, daß der betreffende gewerbsmäßige Stellenvermittler, der um die Konzession einkommt, persönlich geprüft werden muß in bezug auf seine Zuverlässigkeit, noch ein zweites Moment gebracht, aber auch dieses erste Moment, die persönliche Zuverlässigkeit des Stellenvermittlers, ist jetzt in dem neuen § 2 Abs. 2 Ziff. 1 des Gesetzes in eine viel schärfere Fassung gekleidet worden. Es heißt heute, daß die Erlaubnis zu dem Gewerbebetriebe versagt werden muß, „wenn Tatsachen vorliegen, welche die Unzuverlässigkeit des Nachsuchenden in bezug auf den beabsichtigten Gewerbebetrieb oder auf seine persönlichen Verhältnisse dartun". Diese Fassung ist eine verhältnismäßig sehr weitgehende, und darauf darf ich die Herren, die in der Praxis stehen, besonders hinweisen.

Früher hat unsere Gewerbeordnung, die ja ein Kind der liberalen Wirtschaftsauffassung der 60er und 70er Jahre des vorigen Jahrhunderts ist, sich außerordentlich dagegen gesträubt, die Konzession zu einem Gewerbebetriebe von der Erlaubnis der Behörde abhängig zu machen, und wenn sie das so machen mußte, dann wurden immer Tatsachen nach ganz bestimmter Richtung verlangt. Die Erfahrungen haben speziell auf diesem Gebiet hier gezeigt, daß, wenn man wirklich Schaden in der Praxis vermeiden will, man den Verwaltungsbehörden, denjenigen Personen, die diese Konzessionen zu verleihen haben, auch ein gewisses Vertrauen in ihre Unparteilichkeit entgegenbringen muß, und deshalb ist dieses Gesetz hier prinzipiell insofern sehr interessant, als es eine weitere Abkehr von diesem Ideal der Zeit vor 40, 45 Jahren darstellt. Ich darf mir also erlauben, die Herren noch einmal ausdrücklich darauf aufmerksam zu machen, daß zwar Tatsachen angegeben werden müssen, um die Konzession zu versagen, daß aber diese Tatsachen sowohl die Unzuverlässigkeit des Nachsuchenden in bezug auf seinen Gewerbebetrieb im speziellen beweisen können und sollen als auch auf seine persönlichen Verhältnisse im allgemeinen. Dieser letzte Zusatz scheint mir deshalb auch besonders berücksichtigenswert und durchaus berechtigt, weil die Erfahrung doch gezeigt hat, daß sich in diesem Gewerbe der Stellenvermittler eine ganze Anzahl von Elementen zusammenfinden, die oft nicht ganz lauter genannt werden können. Ich kann wenigstens aus meiner praktischen Erfahrung nur berichten, daß, wenn man sich einmal diese gewerbsmäßigen Stellenvermittler und -vermittlerinnen einzeln ansieht, sich eine ganze Menge von vorbestraften Leuten darunter befinden und von Leuten, die einen höchst wenig erbaulichen Lebenswandel führen. Ich weiß nicht, ob man das generalisieren kann, ich habe aber von allen Praktikern in dieser Richtung Bestätigung gefunden, und aus diesem Grunde begrüße ich, daß diese weitherzige Fassung von § 2 Abs. 2 Ziff. 1 des Gesetzes jetzt eine Handhabe gibt, die Konzession solchen Leuten zu versagen.

Nun kommen wir aber zu der noch viel wichtigeren Ziff. 2 des Abs. 2, die ja ein vollkommenes Novum darstellt. Hier sagt das Gesetz, daß die Konzession zu versagen ist, wenn ein Bedürfnis nach Stellenvermittlern nicht vorliegt, und für diese Feststellung des Bedürfnisses sind auch erfreulicherweise bestimmte Normen angegeben worden. Es ist insbesondere in den Ausführungsbestimmungen der meisten Staaten vorgeschrieben worden, die öffentlichen gemeinnützigen Arbeitsnachweise zu hören. Darauf möchte ich ganz besonders aufmerksam machen. Es ist eine Pflicht und, ich möchte sagen, eine Ehrenpflicht der öffentlichen Arbeitsnachweise, nachdem jetzt wesentlich auf unsere Initiative, auf unsere langjährigen Forderungen hin dieses Gesetz erlassen worden ist, nun auch dafür zu sorgen, daß die Vollmacht, die in dem Gesetze den öffentlichen gemeinnützigen Arbeitsnachweisen gegeben wird, von diesen ausgeübt wird, und deshalb, meine ich, ist es eine absolute Notwendigkeit, daß sich die öffentlichen Arbeitsnachweise ständig in Fühlung halten mit der Behörde, welche die Konzession zu erteilen hat, um auf diese Weise festzustellen, daß nicht einmal aus Versehen eine derartige Befragung, wie sie hier im Gesetz oder den Ausführungsbestimmungen vorgeschrieben ist, überhaupt unterbleibt.

Ein Moment aber in dieser Ziff. 2 verdient, glaube ich, noch besonders die Beachtung. Es heißt dort, daß anzuhören ist der für den Ort oder den w i r t s c h a f t l i c h e n B e z i r k bestehende öffentliche gemeinnützige Arbeitsnachweis. Das ist auch ein ganz interessantes Novum in unserer Gesetzgebung und verdient auch vom rein theoretischen und wissenschaftlichen Standpunkte aus Beachtung. Während wir uns sonst in unseren Gesetzen aus Gründen der Vereinfachung der Verwaltung streng an die politische Bezirkseinteilung des jeweiligen Landes halten, ist hier zum ersten Male in einem Gesetz anerkannt worden, daß die wirtschaftliche

Entwicklung doch die Hauptsache und von höherstehender Bedeutung ist als die altüberlieferte Grenz- und Bezirkseinteilung, daß also die wirtschaftliche Entwicklung der Dinge dazu führen kann, Orte und Bezirke miteinander zu verknüpfen, die in politischer Beziehung in bezug auf die Kreis- und Bezirkseinteilung voneinander getrennt sind. Und wenn für irgend ein Gebiet des öffentlichen Lebens es berechtigt ist, der wirtschaftlichen Gestaltung der Dinge das Hauptgewicht zuzumessen, das größere Gewicht als der politischen Tradition, so ist es wohl das Gebiet des öffentlichen Arbeitsnachweises. Das wird natürlich in der Praxis auch zu manchen Schwierigkeiten führen, bis sich da eine gewisse Tradition gebildet und festgestellt hat, was denn nun der wirtschaftliche Bezirk ist, für den der betreffende öffentliche Arbeitsnachweis Gültigkeit hat. Da gehört eben dazu auch wieder von Ihnen, als den Vertretern des öffentlichen Arbeitsnachweises Wachsamkeit und Fühlung mit den öffentlichen Behörden. Sie müssen selbst an Ihre Behörden herangehen und ihnen sagen: Meine Herren, wir sind hier zwar bloß Arbeitsnachweise für die Stadt soundso, aber der wirtschaftliche Bezirk dieser Stadt erstreckt sich hinüber in diese ganzen Ortschaften unter Umständen der Amtshauptmannschaft, die im Nachbarkreise domiziliert. Auf diesen Punkt wollte ich daher noch einmal Ihre Aufmerksamkeit richten.

Somit wäre die erste Seite der Bedeutung des Stellenvermittlergesetzes für die öffentlichen Arbeitsnachweise die, bei der Neukonezssionierung eines Stellenvermittlers aufmerksam die Interessen des öffentlichen Arbeitsnachweises wahrzunehmen, also zunächst festzustellen, daß die Anhörung, die im Gesetz vorgeschrieben ist, auch stattfindet, daß sie stattfindet in dem richtigen wirtschaftlichen Bezirke, wo der betreffende Arbeitsnachweis die Übersicht hat, und daß endlich hier nun auch der Arbeitsnachweis das Votum in dem Sinne gibt, in dem es das Gesetz wünscht. Da kann doch kein Zweifel darüber sein, daß das Gesetz im allgemeinen von dem Wunsche ausgeht, neue Konzessionen nach Möglichkeit zu verhindern. Nur dort, wo wirklich das wirtschaftliche Bedürfnis es erheischt, wo die Maschen des öffentlichen Arbeitsnachweises leider noch zu weit geknüpft sind, nur da darf eine neue Konzession erteilt werden, und ich glaube, auf diesem Gebiete hat Ihr Verband sich ein Verdienst erworben dadurch, daß er jetzt schon eine statistische Umfrage darüber veranstaltet hat, in welchem Umfange neue Konzessionen hier in Sachsen erteilt worden sind.

Vor mir liegt das Ergebnis dieser Umfrage, und das ist, wie mir scheinen will, ein sehr erfreuliches, denn von allen den angeführten Städten, die da als Mitglieder Ihres Verbandes Bericht erstattet haben, ist nur in zweien, in Wurzen und Großenhain, die erste Frage, ob neue Konzessionen seit dem Erlaß des Stellenvermittlergesetzes erteilt worden sind, bejaht worden, und auch nur in je zwei Fällen. Dagegen wird von einem anderen Orte, Döbeln, mitgeteilt, daß sich vier abgemeldet haben, und, was vor allen Dingen wichtig ist, von den ganz großen Städten ist nach dieser Auskunft, von der ich hoffe, daß sie auch tatsächlich richtig ist, keine einzige Neukonzession erteilt worden. Das ist an und für sich unzweifelhaft ein erfreuliches Ergebnis, und wenn die Sache in der Praxis, wie sie hier jetzt eingeleitet worden ist, in demselben Sinne weiter gehandhabt wird, dann kann man wohl hoffen, daß man zu einem allmählichen Aussterben der gewerbsmäßigen Stellenvermittelung gelangen wird.

Aber das möchte mir, der ich mich Ihnen vorhin als einen Radikaleren vorgestellt habe, noch nicht genügen, ich möchte vielmehr fragen, ob nicht noch weiter unser Gewissen gegenüber dem neuen Gesetz verlangt, auf eine weitere Einschränkung der gewerbsmäßigen Stellenvermittelung hinzuarbeiten, und ich möchte diese Frage bejahen aus dem weiteren Paragraphen des Gesetzes heraus. Denn das Gesetz spricht ja nicht bloß von der ersten Erteilung einer neuen Konzession, sondern mit vollem Rechte macht es dann darauf aufmerksam, daß auch die Mißbräuche und Auswüchse, die früher bei erteilten Konzessionen bestanden haben, nach Möglichkeit hintangehalten werden sollen, und in dieser Beziehung hat das Gesetz eine ganze Reihe von Ausführungs- und Kontrollvorschriften teils jetzt schon selbst als Gesetz für das Deutsche Reich erlassen, teils die Landeszentralbehörden zum Erlaß derartiger weiterer polizeilicher Vorschriften ermächtigt. Und derartige Vorschriften sind dann auch in allen deutschen Bundesstaaten erlassen worden. Diese Vorschriften, die fast überall übereinstimmen, zeigen nun eine ziemlich starke Detaillierung. Es sind da eine ganze Menge von Bestimmungen erlassen, die Sie ja alle kennen, die insbesondere z. B. den gleichzeitigen Betrieb des Gewerbes des Stellenvermittlers mit einem anderen Gewerbe einschränken und ähnliche derartige Vorschriften. Wenn wir uns nun die Tragweite dieser

Kontrollbestimmungen klarmachen wollen, so müssen wir vor allen Dingen zunächst einmal zugestehen, daß sie ein vollkommenes Novum gar nicht darstellen; schon vor dem 1. Oktober 1910, dem Inkrafttreten dieses Gesetzes, bestand, glaube ich, in fast allen deutschen Bundesstaaten eine ganze Reihe von ortspolizeilichen Verfügungen über die Art des Betriebes des Stellenvermittlergewerbes, und wenn trotz der Existenz aller dieser Verfügungen der Ruf nach diesem neuen Gesetze so laut geworden war und sich durchgesetzt hat, so muß uns das etwas skeptisch stimmen, es muß uns zum Beweise dienen, daß es durchaus nicht genügt, auf dem Papier eine ganze Menge wunderschön redigierter Vorschriften zu haben, sondern daß es viel wichtiger ist, diese Vorschriften in das lebendige Leben überzuführen. Das ist tatsächlich der Hauptfehler, der vor dem 1. Oktober bestand, daß eine wirkliche intensive Kontrolle der Ausführung dieser polizeilichen Überwachungsvorschriften nicht stattfand. Und das scheint mir unsere wichtigste Aufgabe zu sein, dafür zu sorgen, daß nun jetzt eine gründliche Änderung auf diesem Gebiete eintritt und daß der Sinn und Zweck des Gesetzes, das eine wirkliche Überwachung haben will, auch wirklich in die Praxis übergeführt werde. Wenn wir das aber bewirken wollen, so müssen wir uns darüber klar sein, warum denn vor dem Jahre 1910 eine wirksame Kontrolle nicht stattfand, und ich möchte den Grund für dieses Versagen der Kontrolle in der früheren Zeit darin finden, daß die Kontrolle den ordentlichen staatlichen oder städtischen Polizeibehörden übertragen war. Und bei den ordentlichen staatlichen Polizeibehörden kann man bei aller Anerkennung ihres pflichtmäßigen Eifers, der selbstverständlich ist, nicht erwarten, daß diese Kontrolle sachgemäß und eindringend genug geübt wird. Das ist einfach unmöglich und für den praktischen Verwaltungsbeamten ganz einleuchtend. Wer einmal gesehen hat, was für eine Fülle der verschiedenartigsten Verwaltungskontrollvorschriften in einem Polizeirevier einer Großstadt zu beobachten und auszuführen sind, der staunt über das Maß der Belesenheit und der Gesetzeskenntnis, das dem simplen Polizeisergeanten oder Wachtmeister zugemutet wird. Und da ist es ganz unmöglich, daß diese Leute mehr als eine ganz oberflächliche Kenntnis der Bestimmungen haben, wenn sie sie in dem Spezialfache überhaupt haben können. Infolgedessen wird eine derartige behördliche Kontrolle, wie das jeder Fachmann weiß, in höchst mechanischer Weise ausgeübt.

Da hat der Reviervorstand am 1. Januar jeden Jahres an seine Polizeidirektion zu berichten. Und da wird am letzten Tage vorher der betreffende Schutzmann instruiert und gefragt: Was ist da geschehen? Und da wird das Simile vom vorigen Jahre herausgesucht und genau so abgeschrieben, wenn nicht zufällig in dem betreffenden Revier ein ganz haarsträubender Fall in den letzten 14 Tagen sich ereignet hat. Also auf dem Wege wird man zu einer wirksamen Kontrolle niemals kommen. Nun ist aber doch einmal die Durchführung dieser polizeilichen Kontrolle den Ortspolizeibehörden übertragen, und da fragt es sich: Wie können wir denn die Ortspolizeibehörde dazu führen, daß ihrem guten Willen, an den ich durchaus glaube, auch das nötige sachliche und fachliche Verständnis beigebracht wird? Und da möchte ich mich wieder an Sie wenden und sagen: Sie sind die Instanz, von der allein gehofft werden kann, daß die Kontrolle der Polizeibehörde den Inhalt bekommt, den das Gesetz wünscht. Sie müssen sich in persönlichen Beziehungen halten mit diesen unteren Kontrollinstanzen der polizeilichen Lokalverwaltung und müssen die Leute laufend, nicht bloß zu den bestimmten Terminen, auf alle Fälle von besonderen Zuwiderhandlungen aufmerksam machen, die Ihnen irgendwo zu Ohren gekommen sind.

Aber das allein genügt noch nicht, sondern Sie müssen auch versuchen darauf hinzuwirken, daß zu den behördlich vorgeschriebenen, regelmäßigen Kontrollterminen auch Ihre Mitwirkung in der einen oder anderen Weise zugezogen wird. Da weiß ich nun, da wird mir der Einwand erhoben werden: Wie ist das möglich, daß ein Mann, der kontrolliert werden soll, kontrolliert wird durch seinen Konkurrenten? Und der Einwand ist auch mir erhoben worden von der staatlichen Verwaltungsbehörde, als ich in meinem früheren Wirkungskreis zum ersten Male an das Ministerium des Innern in Elsaß-Lothringen herantrat und sagte: Schafft euch doch die Hilfsorgane für diese polizeiliche Überwachungsaufgabe dadurch, daß ihr die Beamten des öffentlichen Arbeitsnachweises mit dieser Nebenarbeit und als Auskunftsstelle beauftragt und heranzieht. Da sagten mir die Herren Verwaltungsbeamten im Ministerium: Das geht doch nicht, das sieht furchtbar parteiisch aus. Und diesen Anschein muß man auch zugeben. Aber ich glaube, jetzt nach dem neuen Gesetze ist doch darin eine erhebliche Änderung eingetreten, denn in dem neuen Gesetze ist erklärt worden, daß schon bei Neukonzessionierung als der berechtigte Faktor zum Mitreden, als der berechtigte Gutachter der öffentliche Arbeitsnachweis anzuhören ist. Und was liegt da näher, als daß man dieselbe Instanz zur Lebendigmachung der laufenden Kontrolle heranzieht. Und auch in den letzten Paragraphen des Gesetzes, wo davon die Rede ist, daß auf Grund der späteren Feststellung der Unzuverlässigkeit eines Gewerbetreibenden die bereits übertragene Konzession entzogen werden kann, ist ja davon gesprochen, daß ein derartiger Antrag von dem Träger des öffentlichen Arbeitsnachweises gestellt werden kann. Aus diesen Gesetzesbestimmungen geht meines Erachtens ganz klar hervor, daß es dem Sinn und Geist des Gesetzes durchaus entspricht, die Träger des öffentlichen Arbeitsnachweises zu der laufenden Kontrolle und Überwachung der gewerbsmäßigen Vermittler heranzuziehen. Und zu meiner Freude kann ich konstatieren, daß diese Schlußfolgerung auch in der Zwischenzeit von einer ganzen Reihe staatlicher Verwaltungsbehörden gezogen worden ist.

Und zwar waren es in erster Linie die süddeutschen Regierungen, die sich zu diesem Schritt bereit erklärt haben. So hat z. B. das Großherzoglich Badische Ministerium des Innern eine generelle Anweisung an seine sämtlichen Bezirksamtmänner erlassen, daß diese Bezirksamtmänner zu den laufenden Kontrollen die Beamten des öffentlichen Arbeitsnachweises heranzuziehen haben. Ebenso ist im Königreiche Württemberg und dem Reichslande Elsaß-Lothringen verfahren worden. Ich habe das in Straßburg selbst mit durchgesetzt und kann Ihnen nur berichten, daß das die allererfreulichsten Erfolge gehabt hat. Der betreffende Vorstand des städtischen Arbeitsnachweises bekam von dem Polizeirevier zunächst einmal die Meldebücher, die offiziellen Formulare übersandt, die die einzelnen Stellenvermittler, sagen wir alle Vierteljahre vorzulegen haben. Und während der Polizeivorstand weder die Zeit noch das Verständnis hatte, die Listen auf die gesetzliche Richtigkeit durchzuprüfen, sah dieser Spezialist auf dem Gebiete des Arbeitsnachweises in ein paar Minuten die Lücken und gesetzlichen Mängel der Listenführung ohne weiteres und konnte dann in mündlichem Gespräche mit dem betreffenden Polizeireviervorstande sofort darauf aufmerksam machen: Hier ist die Taxe überschritten, hier hat der Mann nicht bloß die Hälfte von dem Arbeitnehmer erhoben, sondern mehr, hier wird gleichzeitig irgendein Ausschank betrieben, und ähnliche Geschichten.

Alles Einzelheiten, die man dem gewöhnlichen Polizeisergeanten beim besten Willen nicht zumuten kann. Da hat sich dann ergeben, daß auch in den Fällen der gröberen Beanstandung der betreffende Vorstand des Polizeireviers den Vorstand des öffentlichen Arbeitsnachweises zu der Lokalbesichtigung mitgenommen hat, und das ist in den krassen Fällen der Zuwiderhandlung unter Umständen absolut notwendig. Erst dann hat die Lokalbesichtigung einigermaßen auf Erfolg zu rechnen, wenn ein Fachmann mitgeht, der innerhalb einer Viertelstunde an Ort und Stelle feststellt, wie der Geschäftsbetrieb gehandhabt wird. Natürlich ist zu derartigen Revisionen ein gewisser Takt seitens des Beamten des öffentlichen Arbeitsnachweises erforderlich. Das ist ganz selbstverständlich. Er muß sich auf den Standpunkt stellen, daß, wenn es ihm auch unerwünscht ist, eine einmal erteilte Konzession legal berechtigt ist, und daß er nicht das Recht hat, derartig zu Recht bestehende Konzessionen ohne weiteres zu befehden. Er muß sich darauf beschränken, festzustellen, ob die Polizeivorschriften auch befolgt sind, und wenn sie befolgt sind, hat er sich in der vollkommensten Höflichkeit und Liebenswürdigkeit zu benehmen. Wenn aber der betreffende Stellenvermittler gegen die Gesetzesbestimmungen handelt, so hat der betreffende Beamte des öffentlichen Arbeitsnachweises das Recht und die Pflicht, den Polizeibeamten darauf aufmerksam zu machen, und wenn das Nämliche wiederholt vorkommt, seine Behörde zu veranlassen, daß das Bürgermeisteramt nunmehr an die Polizeidirektion den Antrag stellt, die früher erteilte Konzession zum Gewerbebetriebe zurückzuziehen. In dem Sinne und in dem Geiste möchte ich Sie bitten, die Kontrolle auch Ihrerseits wahrzunehmen, und ich hoffe, daß auch das sächsische Ministerium sich damit einverstanden erklären wird, daß eine derartige Ausführung der polizeilichen Kontrolle Hand in Hand mit dem Träger des öffentlichen Arbeitsnachweises dem Sinne und dem Geiste des Gesetzes entspricht und allein geeignet ist, eine wirkliche Kontrolle durchzuführen.

Das scheint mir die Aufgabe zu sein, die das neue Gesetz Ihnen bei der Neuerteilung der Konzessionen und bei der laufenden Kontrolle stellt. Aber ich glaube, darauf dürfen Sie sich nicht beschränken. Wenn Sie kontrollieren wollen, wenn Sie sich des Rechtes, das das Gesetz Ihnen verliehen hat, in der Beziehung würdig erweisen wollen, dann müssen Sie aber auch mit allen Mitteln darnach streben, daß Ihre Geschäftsführung und die Erfolge

Ihrer Geschäftsführung denjenigen Geschäftsbetrieben vorbildlich sind, die Sie zu kontrollieren sich selbst das Recht zuerkannt haben. Und deswegen möchte ich heute an die Herren den Appell richten, daß, wenn Sie auf der einen Seite vor sich ein großes Feld einer neuen Berechtigung und einer erweiterten Tätigkeit sehen, Ihnen das auf der anderen Seite als Ansporn zu einer ständigen immerwährenden Ausdehnung Ihrer eigenen Geschäftstätigkeit dienen möge.

FSC
www.fsc.org
MIX
Papier | Fördert gute Waldnutzung
FSC® C083411

Kolibri 360 GmbH
Ferdinand-Jühlke-Straße 7
99095 Erfurt, Deutschland
produktsicherheit@kolibri360.de